Jakob Wassermann
**Hofmannsthal der Freund**

SEVERUS

**Wassermann, Jakob:** Hofmannsthal der Freund
**Hamburg, SEVERUS Verlag 2014**

ISBN: 978-3-86347-792-9
Druck: SEVERUS Verlag, Hamburg, 2014
Nachdruck der Originalausgabe von 1930

Der SEVERUS Verlag ist ein Imprint der Diplomica Verlag GmbH.

**Bibliografische Information der Deutschen Nationalbibliothek:**
Die Deutsche Nationalbibliothek verzeichnet diese Publikation in der Deutschen Nationalbibliografie; detaillierte bibliografische Daten sind im Internet über http://dnb.d-nb.de abrufbar.

© **SEVERUS Verlag**
http://www.severus-verlag.de, Hamburg 2014
Printed in Germany
Alle Rechte vorbehalten.

Der SEVERUS Verlag übernimmt keine juristische Verantwortung oder irgendeine Haftung für evtl. fehlerhafte Angaben und deren Folgen.

**SEVERUS**

P.F.D

# JAKOB WASSERMANN

# HOFMANNSTHAL
# DER FREUND

# HOFMANNSTHAL
## DER FREUND

> *Ists euch nicht genug, so gute Weide zu haben, daß ihr das übrige mit Füßen tretet, und so schöne Borne zu trinken, daß ihr auch noch dareintretet und sie trübe macht?*
>
> Hesekiel, 34. 18

Sprech ich vom Freund, so sprech ich vom Verlorenen; der Verlust ist es, der die Erinnerung so hilflos macht, daß ihr kein Bild genügen will, denn alle Bilder sind plötzlich wie abgelebt und vom Rost verzehrt. Man muß sich fürchten vor dem Altern, einer um den andern geht fort, blickt man zurück, ists ein Kirchhof, und von den ersten, die Abschied genommen haben, sind schon die Grabsteine verwittert. Dadurch wird der Weg lang, dadurch finster, es ist schwer, einen zu treffen, mit dem man zusammen wandern möchte, jedes Jahr verlischt ein Licht, man wird einsam unter den Sternen. Dieser aber, Hugo Hofmannsthal, dessen Tod mehr als eines andern Verminderung von Licht bedeutet, war zur Freundschaft geschaffen wie keiner, fast dünkt mich als sei mit ihm ein Zeitalter zu Ende, in dem der Begriff Freundschaft noch schöpferischen Sinn enthielt, sein Zeitalter eben, Sinn, den er unvergänglich glaubte wie den Eros, und der vor unsern Augen vergeht wie der Eros. Und doch gebrauchte er das Wort Freundschaft nur behutsam, nie sprach er den als Freund an, der es war, Schamhaftigkeit verhinderte ihn daran, vielleicht auch die Furcht, beim Wort genommen zu werden, wenn er nicht darauf gefaßt war, da er doch nichts beim Wort nahm, alles nur beim Geist. So vermied er auch in Briefen die Anrede „Freund", schrieb „Lieber" oder „mein Lieber", was wie Zurückhaltung wirkte und einem doch die Empfindung gab, man sei auserlesen und fürstlichen Vertrauens gewürdigt.

Dreißig Jahre schau ich zurück auf unsere Beziehung, und sie hat so viele Phasen und Wandlungen, daß der, mit dem sie begann, in keinem Zug mehr dem ähnelt, mit dem sie endete. Wandlungen, ja; sie hatten in ihm statt, und sie gingen als Wirkung von ihm aus, der sich verwandelte und mich verwandelte, denn das war seine eigentümliche Kraft, den andern zu verwandeln, ihn aus seinen Verstecken und Schanzen herauszuholen und mit ihm schwingen zu machen. Er gehörte zu den seltenen Menschen, die unter Umständen unsichtbar werden, gleichsam hinter sich selber verschwinden, weil sie zu sehr Gestalt sind für die jeweilige Stunde ihrer Gegenwart, zu gesichterreich und daher so unfaßbar manchmal, sie lassen einen leiden, weil sie nicht so kommen und gehn, wie sie das letztemal gekommen und gegangen sind, sondern in beunruhigender Weise verschieden. Unruhe ging vor ihm her, Unruhe ließ er hinter sich, jene nämlich, die der Feind von Trägheit und Beharrung ist, sein Gesetz war, bewegt zu sein und zu bewegen, was nicht sentimental zu verstehen ist, sondern dynamisch. Wenn der andere die Kontinuität vermißte und glaubte, dort trivial wieder anknüpfen zu sollen, wo er schon längst seine geisterhaften Fäden weiter gewoben, war es ihm ein Schmerz, immer war das Mißverständnis sein heftigster Shock, das ist wohl auch der Grund, daß er es nicht liebte, zu begrüßen und sich zu verabschieden, ich habe oft darüber nachgedacht, weil es mich so oft erkältet hat in früheren Jahren; nun, hier sehe ich den Grund: die mißverstandene Kontinuität. Wer innerlich, in seiner ganzen Haltung, so stark gebunden war wie er, meidet die äußeren Zeichen davon und fürchtet nichts so sehr als den an ihn gestellten Anspruch. Wie, weil ich mich dir einmal hingegeben, forderst du es täglich, willst es dir zur Gewohnheit machen, ahnungslos, was es mich kostet, schien er zu sagen. Er haßte den Anspruch, wo er erhoben wurde, aus Ungebühr, aus Mangel an Takt, aus Übereifer, da brach er die Verbindung ab, nicht selten mit erschreckender Vehemenz, und der Betreffende wußte oft nicht einmal, was er verschuldet hatte. Auch vom liebsten Freund unvermutet überfallen zu werden, brachte ihn ganz und gar aus dem Gleichgewicht, ich vergesse nicht den Ausbruch zorniger Verzweiflung, es war beinahe Raserei, durch den er uns einmal entsetzte, als einer seiner ältesten Bekannten sich telegraphisch für denselben Abend ansagte, während er ihn erst drei Tage später erwartet hatte, in einem solchen Grad verwirrte ihn das Unvorhergesehene. So war ihm auch alles unzarte Eindringen in den privaten und persönlichen Bezirk ein Greuel, alles was die Grenze verletzte, die er durch die Verwundbarkeit seines Organismus, die Labilität seiner Nerven, die Erschütterbarkeit seiner ganzen Natur gezwungen war, zwischen sich und der Welt zu ziehen. Seiner Natur oder seines Geistes, es ist fast dasselbe: hier wie nirgends sonst war Geist Natur geworden, eine Einheit, die ihn als Erscheinung geradezu einzigartig machte.

*

Ich muß ein wenig ausholen. Ich war sechsundzwanzig, als ich ihn kennenlernte, er ein Jahr jünger. Ich hatte viel von ihm gehört, vieles gelesen. Abneigung herrschte in mir vor. Ich stand im härtesten Kampf um die Existenz, hatte mich aus der Unterwelt losgerungen, wußte nichts von Form, in keiner Hinsicht, kümmerte mich nicht um Bindung und Zucht, in keiner Weise. Das Schicksal hatte einen hart angepackt, man hatte die Zähne zusammenbeißen müssen, das Buch, das man schrieb, riß man sich von der Seele wie ein Laster, was Kunst, was Tradition, Erfindungen der Treibhausgärtner. Das gab es schon zu jener Zeit, aber damals hatte man außerdem gelernt, daß es dergleichen zu allen Zeiten gegeben hatte, das brachte ein wenig Humor in die Sache und ein wenig Nachsicht in die Betrachtung. Da war nun dies Wien, in das ich kam wie aus unwirtlicher Wildnis, es war mir fremd und anziehend wie dem Wilden ein behüteter Park mit freiem Eintritt für das Volk. Illuminierte Welt, festlich, heiter, selbstverliebt; Hof, Adel, Bürgertum in starren Überlieferungen dennoch wohlig gelockert hinlebend, anscheinend ohne höhere Verantwortung und tiefere Sorge, denn die brüchigen Grundpfeiler zu untersuchen, die Krankheit des sozialen, die tragische Zerrissenheit des staatlichen Gefüges, von Jahrhunderten her fortwirkende geschichtliche Schuld, wer hätte sich sollen den Sinn davon verdüstern lassen, auch wenn er es spürte, angesichts einer südlich anmutigen Stadt und Landschaft und der hinreißenden Freude an Spiel und Schauspiel, Musik und Tanz. Wurde uns doch hier im Reich das fertige Bild davon geliefert, von Rührigkeit und Erfolgshochmut geprägt, Ärgernis den Tüchtigen, zur Not geduldet, Anhängsel, politische Gewitterecke, Phäakenwinkel. Wenn wir großmütig gestimmt waren, sprachen wir von alter Kultur und brachliegendem Talent, aber die großen Dichter kannten wir nicht, die großen Musiker nahmen wir für uns in Beschlag, wir steckten sie sozusagen ohne Bezahlung ein, für die geheimnisvolle Vielschichtigkeit des Baus, die grandiose historische Symbolik, die er verkörperte (augenfällig geworden erst jetzt, seit seiner Zertrümmerung), und für den natürlichen Phantasiereichtum seiner Menschen waren wir blind. Hat es mir doch einer meiner nächsten Freunde, der mir wie ein Bruder war, nie verziehen, daß ich mich in Österreich niederließ, so weit gingen Vorurteil und Mißkennung.

Ich begegnete also Hofmannsthal, und jede einzelne Stunde mit ihm war, von Anfang an, Korrektur von Falschmeldungen. Darin konnte ich nicht irren, daß er ein österreichischer Mensch war, und so viel war mir gewiß, daß er als entfaltetste Blüte seines Stammes der legitime Zeuge war für dessen Art gleichwie der repräsentative für seine Welt. Nur das höchstentwickelte Individuum gibt das Maß für die Gattung. Blut alter Rassen, italienisches, niederösterreichisch-bäurisches und jüdisches, mischte sich fast zu gleichen Teilen in ihm und verlieh seinem Wesen das Adelige, das Facettierte, die Spannweite, den Tiefgang. Es war ein Schleier um ihn, den man nicht lüpfen konnte. Er schien mir immer aus einer andern Sphäre zu kommen, wenn ich ihn sah, und in eine andere zu gehen, wenn ich ihn verließ. Dazwischen war ein Zustand von Erregung, Auflehnung, Unterordnung, Bezwungenheit und Beglückung. Manchmal ging ich mit Herzklopfen zu der Verabredung, und beim Weggehn hatte ich das Gefühl, als wisse er nicht mehr, daß ich existierte. Alles, was man mir von ihm erzählt hatte, erwies sich als schief, platt und böswillig. Ich hatte einen verzierlichten Menschen erwartet und fand einen einfachen und schlichten; einen, der Wortfeuerwerke abbrannte, und fand einen von natürlicher und präziser Beredsamkeit; einen modischen und prunkliebenden, ich fand einen von bescheidenstem Auftreten und von einer solchen Bedürfnislosigkeit, daß ich mir daneben anspruchsvoll und verschwenderisch vorkam. Sein Einkommen war gering, sein Vater hatte im Katastrophenjahr 73 den größten Teil seines Vermögens verloren, was er besaß und erwarb, sicherte ihm eine anständig-würdige Lebensführung, nicht mehr. Trotzdem galt er für reich und wurde als Grandseigneur betrachtet, der das Dichten als Liebhaberei betreibt wie andere die Jagd oder das Bildersammeln. Er ignorierte die Legenden, die über ihn im Schwange waren, darin war er überlegen wie ein Gott, und wenn er Not gelitten hätte, seine Haltung hätte die Welt noch immer glauben lassen, er sei ein verwöhnter Sohn des Glücks. In den schöngeistigen Zirkeln lief damals die läppische Mär um, er müsse beim Arbeiten eine Schale mit Halbedelsteinen neben sich stehen haben, die er manchmal durch seine Finger gleiten lasse: hilfloser Versuch, aus dem Glanz seines frühen Werks und frühen Ruhms eine Charakteranomalie zu machen.

All das erkannte ich deutlich, dennoch hielten sich Bewunderung und Abwehr die

Waage in mir, zu meiner eigenen Qual. Jahrelang befand ich mich im Zustand der inneren Revolte gegen ihn. Ich besitze Aufzeichnungen aus dieser Zeit, in denen ich um ihn ringe wie Jakob um den Segen des Herrn, um ihn und sein wirkliches Bild, das hinter dem Schleier war. Ich stritt ihn dem hingegebenen Teil meines Ichs ab und verdächtigte ihn meiner verhehlten Liebe. Ich fühlte mich nur in den Bezirk seiner Welt zugelassen, den er selbst jeweils bestimmte, und von allen übrigen ausgeschlossen; noch an jene Maßlosigkeit des Umgangs gewöhnt, die das Leben vieler Literaten um alle Frucht und Sammlung bringt, haderte ich im stillen mit ihm, weil er mir die Stunden des Beisammenseins zu diktieren schien und aus seinem Tag ein Programm machte, in dem ich bloß eine Nummer war. Woher rührte das? weshalb die Unzufriedenheit? Die nicht ganz einfache Erklärung habe ich erst sehr spät gefunden. Es war so viel Weibliches in seiner Natur, zart Frauenhaftes sogar, daß jeder Mann, den er sich zum Freund wählte, alsbald unabweisbar den Regungen geistiger Eifersucht erlag, und das je mehr, je stärker, robuster, je männlicher der Gewählte war. Der konnte ihn dann in gewissem Sinn auch führen und bestimmen, sein Urteil beeinflussen, seine Laune lenken, sofern er als Mensch die Eignung, als Persönlichkeit das Maß hatte, und beides war selten, begreiflicherweise, seine Wahl war ja schon Auszeichnung. Er irrte sich darin niemals, vergriff sich niemals, ich weiß keinen Fall aus seinem Leben, wo er von einem Freund wäre hintergangen oder in banaler Weise enttäuscht worden, dazu spielten die Beziehungen in einer zu hohen Region. Gegen jeden Mißton war er empfindlich bis zu offensichtlichem Leiden, durch jede unvermutete Störung aus der Bahn zu werfen, als hätte er sich nur in einem Raum und Rhythmus entfalten können, die in seiner Vorstellung prästabiliert waren und ihm sofort qualvoll illusorisch wurden, wenn äußere Gewalt ihm die Herrschaft darüber raubte. So kam es, daß ihn alle schonten, die in seinen Kreis traten, jeder spürte instinktiv die Zerbrechlichkeit des kostbaren Gefäßes, und wenn es Schwäche war, dieser jäh mögliche Selbstverlust in dauernder Hochglut des Geistes und Hochspannung der Gedanken, wurde sie, wie alle wußten, mit ungeheuern Opfern bezahlt und unvergleichlichen Gaben entgolten. Ohne Zweifel bürdete er sich zu schwere Lasten auf, auch in jenen frühen Jahren, er konnte das Vielfache nur durch genaue Teilung und Einteilung bewältigen, um so mehr als er sich immer nur dem Einzelnen gegenüber, nur im Zwiegespräch, zu erschließen vermochte, sogenannte Geselligkeit war ihm unleidlich, redete ihn jemand vertraulich an, den er bloß oberflächlich kannte und der ihm noch dazu mißfiel, so benahm er sich als sei man ihm auf den Fuß getreten und er verbeiße den Schmerz, solang der Vorrat von Geduld und Artigkeit reichte; zuweilen aber entzog er sich der Bedrängnis durch ein Wort von brüskem Sarkasmus, das dann von Mund zu Mund ging, um die Schuldenrechnung zu vergrößern, mit der die Nichts-als-Umgänglichen seinen Mangel an Umgänglichkeit beweisen wollten.

Später hörte das auf. Es umgab ihn damals ein Ruf von Treulosigkeit; auch von dem war später nichts mehr zu vernehmen, in den Jahren nach dem Krieg, als er gelassener, stiller und geduldiger wurde. Das schnitt in die Seele, zuzusehen, wie er geduldig wurde, aber davon will ich noch nicht sprechen, sondern vorerst von dem häßlichen Zwiespalt, in den ich gegen ihn geraten war. Ich sah wohl, wie sehr das geteilte und eingeteilte Leben über seine Kraft ging, es schien aber meiner Kurzfühligkeit und ... ja, meiner Eifersucht auf einer Willensanstrengung zu beruhen und eine künstliche Überbewirtschaftung zu sein, das machte mir zu schaffen, und daß ich mich mit Gewährtem, war es auch noch so viel, begnügen mußte, wenn er mir immer dort entschwand, wo ich am heißesten um ihn warb, das ertrug ich nicht. Ich wollte zuviel haben, alles auf einmal haben und war nicht fähig, mich der Weisheit seines Tempos zu fügen, die tiefe Vorsicht zu verstehen, die er als dienender und schaffender Geist walten lassen mußte, wenn der allzu heftig ihn Fordernde sich in den Mitteln vergriff und den gefürchteten Anspruch stellte. Da mußte er sich ihm versagen, ja ihn verleugnen, wenns darauf ankam. Und ich, ich hatte es auf mich zu nehmen. Ich kannte ja meine eigenen Gebrechen nicht, am wenigsten die, die ihn vielleicht beleidigten und erkälteten, ich wußte damals noch nicht, daß gerade er es war, der mir durch seine langsam wachsende Freundschaft half, sie zu überwinden und ihm wie auch mir selbst gemäßer zu werden.

Alles das war Anfang. Es ging, wie man sieht, um die Form. Es war, von mir aus betrachtet, ein Kampf um die Form. Die menschliche Form, die Menschenform, die Geistesform, die Kunstform. Besser, ich nenne die Reihenfolge umgekehrt. Aber im Grunde wirkte eins ins andere und durch das andere. Und er, was konnte er bei mir finden, das ihn förderte? Ich denke, das Chaos, in dem ich mich um Gestalt und Gestaltung mühte, mochte es ihn auch unheimlich anrühren, wurde ihm doch auf solche Art zum mittelbaren Erlebnis. Ich brachte ihm Erfahrungen aus der Tiefe, die für ihn etwas Ähnliches bedeuteten wie frische Humuserde für den Gärtner. Seine Welt war in Gestalt schon gesetzt, er war mit Gestalt geboren, mir wurde sie erst im Schicksal zuteil, wenn ich sie gleichsam erlitten hatte. Es waren zwei vollkommen verschiedene Kategorien des Seins und Werdens. Deshalb war in unserer Beziehung nichts von dem nötig, was man Verständnis nennt, das verstand sich voraus, es geschah lediglich Ausgleich von Spannungen. Ihm lag an Überschau, Zusammenfassung, Totalität, mir an Zerteilung der unüberblickbaren Lebensflut, an Gewinnung von Gesicht, Figur, Detail. Im Austausch der Gedanken, bei leidenschaftlicher Erörterung von Problemen, an denen die geistige Existenz hing, fanden wir gewöhnlich eine Formel, die sich dann als brauchbares Gesetz enthüllte und zur Fackel wurde, die den Weg erleuchtete. Darum war ihm hauptsächlich zu tun, um Gewißheit, Bestätigung, Begrenzung, Richtung und Einordnung. Er bedurfte der höheren Disziplinen fast wie als Sicherungen gegen einen Abgrund hin. Denn ein merkwürdiges Geheimnis seiner Organisation war es, daß bei der zauberischen Kraft des Schauens seine Fähigkeit des Sehens nur gering war; die nahe Umwelt mußte er erfühlen, da waren die Nerven seine Augen, aber diese Nerven waren von einer Feinheit in der Aufnahme und einer

Genauigkeit in der Registratur, wie es mir im Leben nie wieder begegnet ist. Er hatte auch einen eigentümlich stumpfen Blick, Augen, die manchmal an die mysteriöse Nacht erinnerten, die die Augenhöhlen antiker Statuen erfüllt.

\*

In der Stadt konnte unser Verkehr nur sporadisch sein, oft sahen wir uns monatelang nicht, und obwohl ich in den ersten Jahren des Jahrhunderts in einem Vorort nahe von Rodaun wohnte, kam es meist nur zu gelegentlichen Besuchen und verabredeten Spaziergängen, zwischen denen lebhaftere Wechselbeziehung nur entstand, wenn wir uns unsere Arbeiten vorlasen. Das wurde erst anders, als ich mein Domizil mehr und mehr in das steirische Altaussee verlegte, anfangs nur in den Sommer- und Herbstmonaten, schließlich für dauernd. Wir hatten uns dort schon im Jahr 99 ge-- troffen, er hatte mich mit verschiedenen

Freunden und Freundinnen, seinen Eltern, seiner künftigen Frau und deren Familie bekannt gemacht, die Natur und die größere Leichtigkeit des Zueinandergelangens brachten ihn mir näher, Wiederholung schien verlockend, und als er mir im Jahre 5 oder 6 schrieb, er wolle ein kleines Bauernhaus in meiner Nachbarschaft mieten, ergab sich die praktische Ausführung von selbst. Von da ab wurde der sommerliche Aufenthalt auf der Obertressen zur ständigen Einrichtung in seinem Leben, dreiundzwanzig Jahre lang sah ich ihn vom August oder September an bis spät in den Herbst, nach dem Krieg bis in den Dezember hinein fast täglich. Es war eine geschlossene Zeit im Jahr, die sich abhob von aller übrigen, Regel, um so unverbrüchlicher eingehalten, als die Befolgung durch die sonstige Verstricktheit der Existenz bei mir wie bei ihm erwünschtes Ziel war, so daß Notwendigkeit und Bedürfnis nicht mehr von Freiheit und Gewöhnung zu trennen waren. Wir wanderten viel in die Berge, machten Touren zu Rad an die Seen hinüber ins Salzkammergut oder ins Ennstal oder hinauf in die Gosau. Dazu mußte er den Herbst haben, und wenn ihn der Barometerstand hoffen ließ, daß der gefürchtete Scirocco nicht einbrechen werde, war er unbändig vergnügt, hatte die sublimsten Einfälle und hielt mich und wer sonst noch von der Partie war durch seinen Witz in beständigem Gelächter; eine schwer beschreibliche Art des Witzes, skurril, blitzhaft kurzschlüssig, kennzeichnete sie eine Situation oder Tatsache mit überraschender Wendung. Um ein Beispiel zu geben: von einem gemeinsamen Bekannten, der in betrüblichen Ehewirren lebte, sagte er seufzend: der arme Soundso, er hat zu Haus den Regen und die Traufe; oder, als man ihm ein besonders gelungenes Gericht zubereitet hatte, andächtig: das schmeckt als wenn man einen Engel verspeist. An solchen Aperçus war er unerschöpflich, nicht bloß bei klarem Himmel und leichter Atmosphäre, auch wenn sein Gemüt bedrückt war, wodurch alles nur noch drolliger wirkte.

Durch seine Abhängigkeit von Klima und Bewölkung, von Feuchtigkeit und Luftdruck, Einflüssen, die gewöhnlichen Sinnen kaum zugänglich waren, erschien er so kreatürlich und so wehrlos leidend, daß man innig wünschte, er möchte nicht bloß mehr Gewalt über seinen eigenen preisgegebenen Körper haben, sondern auch über die Gestirne und Elemente, deren Feindseligkeit ihn zu bitteren Klagen hinriß und von paradiesischen Ländern träumen ließ, wo Atmen, Denken, Bilden selbstverständliche Lust war, nicht dem Zufall der günstigen Stunde abgetrotzt werden mußte. Er hatte bei heißem Wind, der über das Südgebirge kam, Tage der Niedergeschlagenheit, in denen kein Zuspruch ihn aufmunterte, alles Tun wurde wertlos. Ich entsinne mich eines solchen Tages, ich traf ihn in schwermütiger Apathie, er sagte, es müsse sich, in der Atmosphäre vielleicht, etwas Furchtbares ereignet haben, dann stellte sich heraus, daß zur selben Zeit, ich weiß nicht mehr genau wo, ein heftiges Erdbeben stattgefunden hatte. Aber die Intensität des Leidens an den bösen Mächten war der Gegenausschlag einer gleich großen Kraft im Empfangen und Empfinden der guten. Unsägliches Glück für ihn, frei von der ewigen Beschwer und Angst zu sein. Wie er dann eine Blume, einen Baum, ein Wasser anschaute! Er lehrte mich, eine Landschaft sehen, indem er sie in den reinen Spiegel seiner Seele aufnahm, diese, unsere Landschaft, die an Formenfülle und Geschlossenheit, an dramatischer Wucht und Reichtum der Hintergründe ihresgleichen nicht hat. Freilich, man muß sie kennen, wie wir sie kannten, muß sie erfahren und erlebt haben in ihren vielfachen charakteristischen Beleuchtungen, in der Art, wie das Gletscherfeld in der und der Tages- und Jahreszeit gegen den Himmel, wie der Wald gegen die Felsen, eine Wiese gegen Wald und See, ein Dorf gegen die Hügel steht und Linie um Linie in den subtilsten Schattierungen Aspekte schafft. Wenn sich im Oktober das Laub färbte und in täglich flammenderem Kranz sich vom Hochtal ins Mittelland hinunterzog, wenn in den Bauerngärten und um die Villen der Freunde herum Flox, Astern, Dahlien in einer Üppigkeit wucherten, die die sonstige Kargheit dieser Erde Lügen strafte, dann war sein Entzücken schlechterdings ergreifend, seine Gelöstheit vollkommen, man hatte selber ein beglückendes Gefühl von Sonne, Licht und Luft und den unscheinbaren Meisterhaftigkeiten der Natur, wenn er etwa, eine Rose vor sich, von den dunkelsamtenen Schatten zwischen ihren sanft gebogenen Blättern oder von dem silbernen Flimmern des Wassers sprach, möglich nur in einer ausgewählten Stunde. Ach, welches Leben ist bloß damit dahin! Die kahlen Höhen des Gebirgs mochte er von Jahr zu Jahr weniger, was man als Aussicht bezeichnet, hatte ihm nie was anderes bedeutet als grimassenhafte Verzerrung eines lieben Bildes, wir lachten oft, wenn er, auf einem Gipfel angekommen, sich sogleich mürrisch mit dem Rücken gegen die Ferne setzte und den Lodenmantel fröstelnd zuzog. Das Tal in der Tiefe sah er in rohe Fragmente zerfetzt, die Fels- und Schneeriesen rings im weiten Bogen waren ihm zu heftig, zu nah, sie brüllten ihn an, er gab vielleicht zu, daß es großartig sei, aber das geschah aus Freundlichkeit, um die Begeisterten nicht vor den Kopf zu stoßen. Für ihn waren die Wege über Wiesen, an Bach und Fluß entlang, die oft gegangenen, daher vertrauten Wege, durch den Wald zu einer verfallenen Mühle, die Hügel hinauf zu einem Wasserfall, gegen Abend zum See hinunter. Das waren die Stunden, wo Innen und Außen im Einklang waren und es zu jenen Unterhaltungen kam, die den Umgang mit ihm am allerunvergeßlichsten, den Verlust zum allerunersetzlichsten machen.

\*

Sein Gespräch ... um auch nur anzudeuten, was es war, müßte ich die Geister zu Hilfe rufen, die ihm und ihm allein dabei zu Gebote standen. Verließ man ihn nach solchem Beisammensein, so war einem zumute als ob das Sprechen aller andern Menschen ein unbehilfliches Stottern und Stammeln sei. Er besaß in der mündlichen Mitteilung den erstaunlichsten Wortschatz und in seinem Gebrauch eine beispiellose Lebendigkeit und Variabilität. Im Ausdruck scharf, genau, treffend, in der Geste sparsam, im Mienenspiel von anziehender, ich möchte sagen beschwichtigender Natürlichkeit und Wahrheit, in der Diskussion mit zartestem Bedacht jegliche Schroffheit, Verfänglichkeit, Gereiztheit meidend, von dialektischen Künsten so weit entfernt, daß es zu viel wäre, zu behaupten, er habe sie verachtet, ritterlich schonend, wo er auf Gegenmeinung stieß, voller Geduld und Rücksicht, wenn er sich nicht gut verstanden wußte: alles Eigenschaften, durch die er vom ersten Satz an faszinierte, von Kapazität und Magie ganz zu schweigen, von Führung und Haltung. Sonderbar die Stimme; in der leichten Konversation hell, krähend fast, wie zum Weltgebrauch absichtlich entseelt, sank sie im ernsten Zwiegespräch in immer tiefere Lagen und wurde warm und sonor. Er hatte eine sehr fleischige, den Gaumen ausfüllende Zunge, die sich beim Reden gegen die Zähne rollte, wobei die habsburgische Unterlippe muschelhaft ausgebogen wurde, was an sich bannend war und rein physisch die Aufmerksamkeit fesselte, auch wenn man es an dem dantesken Profil nur von der Seite wahrnahm. Es ist mir dies ungeheuer gegenwärtig, und da ich glaube, daß es ihn ein wenig sichtbar machen kann, versuche ich es zu zeigen, wie sollte sonst ein Bild entstehen, und sein

Bild darf nicht verloren werden. Ein großer Mensch vergeht so schnell, alles was Erscheinung an ihm war erstarrt zur Silhouette und verfällt jenem unheimlichen geschichtlichen Aberglauben, der oft neben dem Werk herläuft wie ein Schatten neben einer ohnehin verhüllten Figur. Vom Werk aber habe ich nichts zu sagen, das mag die Aufgabe von Berufeneren sein, es fehlen vorläufig noch die Maße, und in welche Zone der Unsterblichkeit es gehört, muß erst die Zeit lehren.

Vielleicht müh ich mich vergeblich, eine Vorstellung vom Gespräch mit ihm zu geben, Gespräch als solchem, ebensogut könnt ich einen Traum photographieren, das Wesentliche ist nicht erfaßbar, weil es in einer Folge von Augenblicksentzündungen bestand. Soviel vor allem, daß es wirkliches Gespräch war, eine immer seltener werdende Form der Äußerung und Selbstgestaltung: Austausch, Wechselrede, Stichwort auf Stichwort, wohltätig umgrenztes

Feld, radial bestimmt nicht öd verlaufend, nicht schwätzen, nicht monologisieren, bei der Sache bleiben und auf ihren Grund gehen. Aber das mögen andere auch haben, ich kenne drei, vier, bei denen man es findet, der unvergleichliche Reiz seiner Unterhaltung lag in der Inspiration. Sein ganzes Gespräch war inspirierte Improvisation. Er hatte eine Beflügeltheit, die den Partner nicht nur mitriß, sondern ihm gleichfalls Flügel anzauberte. Man wurde in einen Raum gehoben, in dem man sonst durchaus nicht so ohne weiteres zuhause war, aber seine Gefährtenschaft half einem, daß man sich mit Anstand darin bewegte. Wenn man dumm und verstimmt war, wurde man lucid und aufgeräumt, im wörtlichsten Sinn aufgeräumt, man wurde besser, weil man, im wörtlichsten Sinn, einsichtiger wurde. (Dabei war er niemals zweck- und eigensinnig und betrachtete es als Gebot der Höflichkeit, sich in jedem Fall der Fassungskraft des Partners anzupassen.)

Zumeist war es natürlich die Arbeit, die uns zu weitführenden Erörterungen lockte, das Handwerk, seine Gesetze und Möglichkeiten. Er wollte lernen, immer lernen, am Meisterwerk, am Schülerwerk, an seinem, an fremdem, niemand konnte sich so ehrerbietig neigen vor der redlichen Bemühung, niemand spürte das Halbe, Verlogene, Aufgeblasene, Scheinende so untrüglich, obwohl er im Urteil, das muß ich hinzufügen, durchaus nicht immer sicher war, manchmal sogar befremdlich schwankend und tastend als bedürfe er der Belehrung durch die Zeit. Er brauchte Blickferne. Alles mußte erst seine Relation gewonnen haben. Je bedeutender ihm eine Leistung als Ganzes erschien, je unermüdlicher war er bedacht, sie auf ihr Einzelnes hin zu untersuchen, auf das Erlern- und Erfahrbare hin, wie ein Chemiker eine unbekannte Verbindung analysiert. Unablässige Fragen: soll man eine Geschichte erzählen, soll man sie darstellen? Was ist eine epische Situation, was eine dramatische? Wodurch entsteht Hintergrund und Tiefe, wodurch Distanz und Plastik? Was darf man von einer Figur verraten, wann muß sie sich selbst offenbaren? Was ist ein Stoff, was ein Motiv, was eine Handlung? Wie wird Gedanke zur Idee, wie Idee zur Gestalt? Es ging ihm dies alles ins Blut und an den Nerv, zuweilen lag eine mysteriöse Traurigkeit in ein paar hastig hingeworfenen Sätzen, und er war so verzagt, daß man ihn trösten mußte wie ein verirrtes Kind, einmal brach er in die bitter-komische Klage aus: es ist wahrhaftig ein Wunder, daß man sich bei dem Metier nicht öfter aufhängt. Ich weiß keinen in unserer Welt, der mit solcher Qual und Verantwortlichkeit, solcher Demut und so überwachem Wissen von der Stufenfolge des Wirklichen und Gültigen sein Werk baute. Er verbrannte in der Flamme, die er selber schürte, des bin ich Zeuge.

Häufig waren die künstlerischen Probleme nur Vorwand und Anlaß für umfassendere Gespräche, aber ein jedes wurde ihm schließlich Vorwand und Anlaß, um wie auf unsichtbarer Spirale beschwingt in einen noch höheren Kreis zu gelangen und sich zu Dingen und Menschen, zu Geist und Natur, zu Schicksal und Geschichte in Beziehung zu setzen. Sich beziehen, bezogen sein, das war die Grundstruktur seines Verhältnisses zur Welt und die Wurzel seines Weltgefühls. Und so erblickte er in sich und seinem Tun zu keiner Zeit etwas Ausnahmshaftes, sondern etwas Zugeordnetes und in religiöser Bedeutung Dienendes. In seinem Charakter lag daher eine schwer definierbare Art von Gehorsam, auch Fügsamkeit, die ihm, wenn man seine Persönlichkeit gewissermaßen als Vision sah, Verwandtschaft mit einem Cherub verlieh. Andrerseits war dadurch wieder jene Souveränität bedingt, mit der er eine unendliche Zahl von Lebensverhältnissen überschaute, politische, soziale, ständische, private, in jeder Phase, in jeder

Krise, in jeder Epoche, wobei seine Intuition ebenso bewundernswert war wie seine Belesenheit und sein Gedächtnis. Ich war einmal dabei, als ihn jemand nach dem inneren Zustand Spaniens während eines bestimmten Zeitabschnitts fragte; bereitwillig und ohne zu zögern entwarf er in wenigen Minuten ein derartig lebendes Bild der Kultur- und Seelenfassung, der geistigen Zusammenhänge, des gleichzeitigen europäischen Geschehens, daß wir ihm alle hingerissen zuhörten. Ich erinnere mich, daß er mir vor vielen Jahren einen Stoff aus dem vormärzlichen Wien erzählte, ich sollte mit ihm überlegen, ob und inwiefern er sich zur Ausgestaltung eigne. Bei dieser Gelegenheit setzte er mich durch seine intime, geradezu minutiöse Kenntnis des Volks in sprachloses Erstaunen. Er beherrschte nicht nur die charakteristische Lokalität, die Häuser, die Höfe, die Wohnungen, die Utensilien, nicht nur die Redeweise in den Schattierungen der Stände, Berufe und Stadtbezirke, sondern er zeigte sich auch völlig eingeweiht in die Denkart und Interessen eines Bäckers, Friseurs, Althändlers, einer kleinen Kokotte, eines Vorstadt-Elegants, nicht etwa gesehen mit dem Auge eines, der in die Vergangenheit flüchtet und Kulturkuriosa sammelt, nein, hier lag eine Divinationsgabe vor, die das Angeschaute und das Typische, das Heutige und das Gewesene zu einer immergültigen Norm verschmolz und jede menschliche Vergesellschaftung innerhalb ihrer besonderen Überlieferungen symbolhaltig machte. Damals ging es mir durch den Kopf: und den heißen sie einen Ästheten, Artisten, tun ihn ab mit dem schnödesten aller Schlagworte, der schäbigsten Münze, von allen, die auf der literarischen Börse notiert werden. Es war sein Los. Die Öffentlichkeit bekam sein Bild nie anders als in kleinlicher Verzerrung zu sehen, unaufhaltsamer Vorgang, unvermeidlich zeitgenössisch und von mitleidswürdiger Geistlosigkeit. Ohne

Zweifel litt er darunter, gegen die Unvernunft hatte er keine Waffe, allein seine Gesinnung war so groß, der Eitelkeit so abgewandt, der Ruhmsucht sogar, daß ihn, wenn er überhaupt Notiz davon nahm, die Symptome mehr beschäftigten als die vielleicht schmerzliche Tatsache.

\*

Damit man verstehn könnte, was das Gespräch mit ihm war, müßte ich eines reproduzieren können, dazu bin ich außerstande. Obgleich ich mir im Lauf der Jahre öfters Notizen gemacht habe, fand ich doch bei der Durchsicht, daß vom Eigentlichen nichts darinnen war, es fehlte das Bestrickende der redenden Person, Bewegung, Geste, die Liebenswürdigkeit des Entgegenkommens, dieses aufgeschlossen-zutrauliche Sichnähern, die nervöse Eleganz der Dialogführung, der Wechsel von Stimme und Stimmung, die komischen Bonmots, vorgebracht mit einem schalkhaften Aufblitzen der Augen und mit einem kleinen spitzbübischen Gutturallachen: man kann es nicht wiedergeben, ohne es in breiter Anlage zu gestalten, wobei vorausgesetzt wäre, daß man einen so sublimen und auf jedem Feld des Denkens geschulten Geist mit seinen eigenen Worten und Bildern müßte sprechen lassen; aber in dem Punkt bekenne ich meine Unzulänglichkeit. Da liegt ja auch der wahre Mangel aller Schilderung geistig überragender Persönlichkeiten; die unzureichende Kapazität auf der einen Seite verkleinlicht alle Maße auf der andern. Vielleicht hätte ich besser aufgepaßt und mein Gedächtnis funktionierte besser, wenn ich mir seinen Tod hätte vorstellen können, aber das konnte ich nie, wer kann das überhaupt, einem geliebten Menschen gegenüber, es ging höchstens, in den letzten Monaten, bis zur Furcht, daß ich ihn überleben könnte, schon das war grausig genug, diese böse Ahnung. So bleibt mir nur übrig, etwas zu vermitteln, was jetzt

wie ein Schattenspiel ist, wenigstens hat es
den Vorzug der Treue, Schatten kann man
nicht schminken. Wenn er sich bei uns ange-
sagt hatte und pünktlich auf die Minute
kam, ging ich in den Vorplatz, um ihn zu
begrüßen, da fragte er mich in traurig-mit-
leidigem Ton, als wär ich schwer krank gewesen, wie es mir gehe, aber das war eine
der kleinen Komödien, die er sich leistete,
um die Schwerfälligkeiten des Wiederan-
knüpfens zu vermeiden, eine Harlekinade
von zehn Sekunden, deren heimlicher
Grund vielleicht war, daß es ihn jedesmal
bestürzte, das bekannte Gesicht vor sich
zu sehen, denn ein unbekanntes hätte ihn
unter allen Umständen in die Flucht gejagt.
Ich führte ihn dann in mein Arbeitszimmer,
noch unter der Tür begann er, ein Thema
anzuschlagen, das ihn beschäftigte, in höf-
lich fragender Weise zunächst, als wolle er
sich vergewissern, ob ich nicht zerstreut
oder zu müde oder innerlich anders gestimmt sei. Es war schüchterner Vorschlag,

zarte Erkundigung, beinahe Verführung, Umgarnung, und wenn die Replik nur ungefähr treffend ausfiel, kam er gleich ins Feuer, war entzückt über die Bereitwilligkeit des Mitgehens, dankbar für das Verständnis, noch dankbarer, wenn ich ihn zu steigern wußte, seinem Gedanken eine neue Richtung wies, das alles, Aussprache, Anteil, Genommenwerden, Überwindung der Schwere bedeutete Geschenk für ihn. Ich erinnere mich zum Beispiel an ein Gespräch über die Tagebücher Grillparzers; eins über den Charakter Karls des Fünften; eins über die geistigen Folgen der französischen Revolution; eins über den Zusammenhang von organischem Leiden und künstlerischer Konzeption; dann über Freunde; über Einrichtungen, über Erlebnisse: aber was soll die Aufzählung, ich verzweifle daran, von der Fülle, dem Umfassungsraum, der graziösen Lebhaftigkeit und bezwingenden Natürlichkeit, dem Reichtum der Einfälle, der Analogien, der Gleichnisse auch nur einen angenäherten Begriff zu geben. In gewissen Momenten saß er ruhig auf dem Stuhl, nie bequem sich gehen lassend, immer mit steif gerecktem Oberkörper, die Knie übereinander, der Blick weit weg sehend; plötzlich sprang er auf, eilte mit seinen hackenden kurzen Schritten im Zimmer auf und ab, dann stellte er sich so dicht vor mich hin, daß ich seinen Atem spürte und legte mir die Hand auf die Schulter, beteuernd oder vertrauensvoll oder bittend, wie einer der bei einem schwierigen Beginnen nicht allein gelassen werden will; darin bestand ein Teil seiner Courtoisie: auch wo er gar keine Hilfe nötig hatte, machte er mich glauben, ich sei ihm unentbehrlich. Wenn ich meinerseits ihm einen Gedanken entwickelte, hörte er mit intensiver Aufmerksamkeit zu, manchmal den einen Zeigefinger leicht erhoben wie man es bei griechischen Darstellungen als Inbild hingegebenen Lauschens sieht.

Er war der vornehmste Mensch, dem ich begegnet bin. Ich weiß, das Wort hat an Gewicht verloren, es ist eine Zeitlang unter dem Einfluß einer gewissen Phraseologie mißbraucht worden, heute ist es aus naheliegenden Gründen ziemlich vergessen. Doch muß es hier ausgesprochen werden, weil ihn kein anderes so bezeichnet. Seine Noblesse war vom höchsten Rang, nämlich dem der Selbstverständlichkeit und des Nichts-davon-Wissens. Er war vornehm geboren, und wenn er sich überzeugen mußte, daß andere anders geboren waren, verwunderte er sich, das war alles. Er war ohne die leiseste Regung von Ranküne. Erfuhr er sie, so weigerte er sich so lang wie möglich, sie zu statuieren. Gemeinheit, Niedrigkeit, Verlogenheit, Tücke erschienen ihm ungefähr wie zoologische Mißbildungen, gut für das Merkbuch oder ein Balzacsches Raritätenkabinett menschlicher Närrischkeiten. Für seine Person, ich habe es schon erwähnt, bedürfnislos bis an die Grenze der Askese, war ihm kein Opfer zu groß, wenn es galt, denen zu helfen, die Hilfe von ihm erwarten durften. Ihre Zahl war Legion. Geld war noch das wenigste dabei (sein Verhältnis zum Geld wäre ein Kapitel für sich, er hatte eine physische Abneigung davor, Geld zu berühren, wenn in einem Gasthaus die Rechnung bezahlt werden sollte, drückte er gewöhnlich seiner Frau die Brieftasche in die Hand und verließ eilig den Raum, als er in der deutschen Inflation fast seine gesamten Ersparnisse verlor, hörte man kein Wort der Klage von ihm), Geldopfer verstand sich also am Rande, aber wie er sich einsetzte, die Arbeit, die eigenen Angelegenheiten vernachlässigte, wenn ein Freund, ein Ringender, einer an dessen Wert und Würdigkeit er glaubte, vor Mangel geschützt, wenn dem der Weg geebnet werden sollte, das war es; und wie er nicht erlahmte in Zuspruch, Anteil und Aufmunterung, das. Es gibt wohl Hunderte von

Briefen, darunter sicherlich die schönsten, die in unserer Sprache geschrieben worden sind, worin er jenen, die ihm ihr geistiges und damit auch oft ihr materielles Schicksal anvertraut hatten, liebevoller Berater wurde und die schwierigsten, die heikelsten Lebensumstände mit seiner leuchtenden Weisheit entwirrte und entgiftete. Ich habe es selbst erfahren; auch das; ohne die Erfahrung wüßt ich nicht so viel von dieser leuchtenden Weisheit, die es zustande brachte, dem Erlittenen die nagende Bitterkeit zu nehmen, er konnte dann auf eine Art zärtlich sein, daß man es nie vergaß, und weiterhin trat ein ebenso ungewöhnlicher wie bewundernswerter Zug an ihm hervor: er beharrte nicht; ich meine, er drückte nicht an der Wunde herum, hielt sie nicht in Beobachtung, er behandelte solche Dinge mit einer vollkommen weiblichen Delikatesse, ließ sie hingleiten, abklingen und wob sie nur in seine Sorge hinein, wodurch man sich schon behütet fühlte. So war er in allem, was sein menschliches Tun betraf, er machte kein Wesens davon, kein Aufhebens. Sehr österreichisch, das: nicht wichtig sein, nicht insistieren, die Menschen in ihrer eigenen Bewegung lassen. Bei der Führung seiner Geschäfte kam ihm dies nicht immer zu statten; trotz seiner genauen Kenntnis des praktischen Lebens nahm er den eigenen Vorteil nicht oder ungenügend wahr; lief er Gefahr, Schaden zu erleiden, so bemerkte er es gar nicht, man mußte ihn erst darauf aufmerksam machen, auch dann weigerte er sich noch, sich dagegen zu wehren, entweder weil es ihn widerte zu feilschen und seine Zeit bei mesquinen Verhandlungen zu vergeuden, oder weil er einen bestimmten, meist recht bescheidenen Gewinn von Anfang an ins Auge gefaßt hatte und sich mit dem auch begnügte, oder weil ein altbewährtes Verhältnis bestand, an dem er nicht in kleinlichen Querelen rütteln wollte. Denn wo er einmal vertraut hatte, vertraute er für immer, und wer für ihn arbeitete, hatte unter allen Umständen ein Anrecht auf seine Dankbarkeit, weshalb er sich auch gegen den begründetsten Argwohn so lange sträubte, als es sich mit seiner Vorstellung von Gebührlichkeit überhaupt vertrug. Er war sehr anhänglich; viele durch ihre Sensibilität preisgegebenen Naturen haben diese Form der Anhänglichkeit, bringt doch der geringste Bruch neue Belastung und fordert neue Lebensordnungen, wenn ein Faden reißt, verwirrt sich das ganze, mühselig gewebte Muster. Doch gab es auch blutbedingte Anhänglichkeiten, in denen sich eine patriarchalische Seite seines Charakters bekundete; als Jüngling, wenn er auf Reisen war, schrieb er täglich an seine Eltern, berichtete ihnen mit naiver Treue alles was er getan, gedacht, wen er gesehen, welche Bücher er gelesen, wie viel Geld er ausgegeben hatte, in welchem Zustand seine Anzüge, seine Wäsche, seine Schuhe waren, und das zur selben Zeit, als die zwanzig unsterblichen Gedichte entstanden.

\*

Die Veränderung, die während des Kriegs mit ihm vorging, bekam erst nach dem Krieg ihren unheilvollen Sinn. Den ersten Eindruck habe ich miterlebt: es war wie wenn man einen Adler blendet. Seine Existenz auf Flügeln wird absurd. Natürlich faßte er sich dann. Nach kurzem Frontdienst steckte man ihn in irgendein Amt, wo er irgend etwas zu tun hatte, was mit seiner Persönlichkeit nichts zu tun hatte, später wurde ihm eine jener fruchtlosen Aufklärungsmissionen im Ausland übertragen, bei denen die politische Absicht die Wirkung aufhob und an welchen ein zweckfremder Geist wie der seine notwendig scheitern mußte, vor allem vor sich selbst. Er kam zurück wie beraubt, lebte in der fortschreitenden sozialen Zersetzung stumm resigniert, stürzte sich in die Arbeit wie in quälende Betäubung. Flucht vor der Meduse. Der

Fall der Monarchie, in der Ahnung vorausgefürchtet, traf ihn elementar, es sah wie Verlust der Heimat aus, Entheimatung beinahe, es kam ja nicht auf die oder die Länder und Provinzen an, nicht auf die Einbuße von Macht und Kaiserlichkeit, nicht einmal auf den Untergang altehrwürdiger Bestände, es ging eine Welt zugrunde, die ihn noch getragen und seinen Genius befeuert hatte, als sie schon in Kachexie lag, aus deren geheimnisvoller Gesetzhaftigkeit er entstanden war, um sie dichterisch zu rechtfertigen und zu verklären. Aber da er es stets als seine Aufgabe betrachtet hatte, sich in gegebene Realitäten zu finden, und jede sterile Fronde seiner schaffens- und mitschaffensbereiten Natur fernlag, suchte er aus den Trümmern zu retten, was zu retten war, nicht für sich, für die Gemeinschaft, leider muß man sagen für eine edle Fiktion von Gemeinschaft, denn bei einem Menschen von solchem geistigen und sittlichen Format ist es nur allzu verständlich, daß gerade diejenigen sich am beflissensten seiner bedienten, die nicht den Schimmer davon hatten, wer er war. Seine passionierte Vorliebe für das Theater brachte viel aufreibende Unruhe in sein Leben, doch liebte er auch diese Unruhe, mittelst ihrer schwang er in einem Zauberkreis und in einer Märchenregion, deren Tücken und Abwege ihm seine gestaltendurstige Phantasie vorenthielt, indes ihn ihre wechselvollen Möglichkeiten zu immer neuen Plänen lockten, praktischen und poetischen. Ich sehe jetzt, daß das ein großes Glück für ihn war, ich bin froh, daß er es besaß; es schuf ihm eine Art Traum- und Überwelt, in der er Zuflucht fand vor der wirklichen, die ihn von Jahr zu Jahr mit kälteren Schauern anhauchte. Oft war es als verstehe er sie nicht ganz, oder nein, als sei etwas an ihr, das zu begreifen man besser unterließ. Sein tiefstes Selbst wußte ja doch, „wer er war", und der, der er war, konnte dorthin nicht gehen, wo man ihn leugnete und vergaß,

dort war seine Stätte nicht und wurde seine
Sprache nicht verstanden, die Sprache der
Erlauchten und Einmaligen. Bisweilen kam
er zu mir und fragte mich bedrückt: Jakob,
was geht denn vor? wie erklären Sie sich,
was die Leute da tun? sagen Sie mir doch
was über das Buch da, damit ich weiß, wo
ich es hintun soll, was ist das für ein Mensch,
der das und das macht, können Sie es mir
erklären? Das klang immer wie Angst, aber
nicht egoistische, o nein, Angst um die
rasendgewordene Welt, Angst um eine ent-
götterte verzweifelt-anarchische Jugend.
Nie ein Abweisen und Aburteilen, wenigstens in den letzten zehn Jahren nicht,
immer nur Angst. Dann mühte er sich, es
doch zu fassen und die Beziehung herzu-
stellen, durch die es ihn erst als ein Leben-
diges anredete, manchmal gelang es, manchmal nicht. Vielleicht trug die viele feind-
selige Stummheit der neuen Dinge und das
seelische Siechtum derer, die dem Sturm
nicht gewachsen waren, ein wenig zu seinem

Tode bei, diesem schönen und schrecklichen Tod, war doch der endgültige Zusammenbruch eines jungen Sohnes der letzte Hieb, den das Schicksal gegen ihn führte.

\*

Vor kurzem habe ich in einer Zeitung gelesen, es bestünde der Plan, ihm in Wien ein Denkmal zu setzen. Ein widriges Gefühl beschlich mich dabei. Also die Sache nimmt den üblichen Verlauf, dachte ich mir, erst lebenslange Verkennung, Gleichgültigkeit, sich das Außerordentliche eben noch gefallen lassen, dann Loskauf und Gewisseneinschläferung. Man stellt eilig einen Blankowechsel auf die gesamte Zukunft aus und entzieht sich so den Forderungen, die Leben und Werk eines solchen Menschen kategorisch erheben. Versteinerung in Ewigkeit, Amen. Soll das die ganze Folge sein? Man wird gewiß zunächst seine Bücher lesen, schon um Versäumtes nachzuholen, man wird auch, der Ehrung wegen, seine Dramen aufführen, aber das allein kann nicht genügen, die aufgelaufene Schuld abzutragen. Kein Monument reicht da aus und keine sogenannte „literarische Würdigung". Ich weiß wohl, sein Gedicht kann nicht vergehen, ich meine Gedicht als Einheit, es wird wie ein süßer Geisterruf durch die Zeiten schallen, ähnlich wie das Hölderlinsche, wenn anders die Zeitmaße, mit denen wir rechnen, überhaupt von Belang sind. Dennoch könnt ich mir eine nähere, für uns selbst erheblichere Folge denken. Unmittelbar nach seinem Tod konnte man eine überraschende Erfahrung machen. Plötzlich, von einem Tag zum andern, stand sein Bild in einer Reinheit da, wie wenn der Sturm von einem Berggipfel das Nebelgewölk fortbläst. Es war eine Erschütterung für uns, denn obgleich wir ungefähr Bescheid wußten über Dimension und Volumen, konnten wir sie jetzt zum erstenmal mit voller Klarheit wahrnehmen. Aber auch die es nicht gewußt oder es geleugnet hatten, oft nur, weil sie in der Leugnung das einzige Mittel sahen, sich gegen ihn zu behaupten, auch die wurden stutzig und schienen sich zu fragen, ob sie vor der strahlenden Erscheinung, so schwer es ihnen fallen mochte, nicht ein wenig umlernen müßten.

Das Leben dieses hohen Menschen stand und vollendete sich unter einem Gesetz, das sich nirgends in unserer Welt ausgewirkt hat. Es war so voller Form, daß alles was er berührte und alles was ihm nahte Form wurde. Ich lasse das Werk beiseite, es handelt sich um etwas, das noch über dem Werk ist. Man hat es als herzlos verschrien, tausendmal mußte ich das Wort hören, dieses und eine Reihe anderer abträglicher Vokabeln, die etwa besagen wollten, da habe ein geschickter Zauberlehrling die Kunststücke bewährter Meister bis zur Perfektion nachgeahmt, von eigener Erfindung aber nichts hinzugetan. Es wäre vermessen und es wäre nutzlos, würfe ich mich in der Sache zum Anwalt auf. Wodurch soll man beweisen, daß das Licht scheint? Die Blinden sehen es doch nicht. Das Schlagwort von der herzlosen Kunst beruht auf einem unausrottbaren deutschen Mißverständnis, dem Mißverständnis der Form. Gewöhnung an maßlose Selbstverkündigung und selbstbezüglichen Erguß, sowie ein falscher Begriff von Gemüt und gemütlicher Deutlichkeit haben es begünstigt und aufwuchern lassen. Ich kenne Leute, die von Menschlichkeit reden wie vom Post- und Telegraphenwesen, gerührt, wenn sie sich ordentlich bedient finden, enttäuscht, wenn die Einrichtung versagt. Das Ungeformte mutet immer warm an, es ist ja auch geheimnislos wie ein Ofen. Herz; das Herz ist ein so verborgenes Organ, daß man es nur schlagen hört, wenn man das Ohr an die Brust eines Menschen legt, eine intime Prozedur, die nicht jedem Beliebigen erlaubt sein kann. Wie dürfte man zweifeln, wenn es sich in einem so beispielhaften Dasein manifestiert? Lebendige Form ohne Herz? Lästerlicher Unsinn, doppelt lästerlich, wenn es bedeuten soll: ohne Liebe. Ich habe ja dargetan, wieviel Liebe in dem Menschen war, schöpferische Liebe, und die wieder kann es nicht geben ohne schöpferische Form, weil ihr Medium eine gestaltete Welt ist. Geschaffene Form ist nicht allein ein körperlich Sichtbares, sie ist auch eine metaphysische Macht. Sie umfaßt alles Gebilde und drückt es aus wie die Pflanze das Erdreich ausdrückt. Alle geschaffene Form ist in jedem von uns, und wir drücken sie aus, nach unserer Gabe, im Geist und im Leib. Und so weiß ich, daß ich seine Form ausdrücke, ob mit Willen oder nicht, ob ich mich wehre oder nicht. Aber wenn ich nicht widerstrebe, ist es besser für mich und und meine Sache. Am Nichtwiderstreben liegt eben alles.

Die hintergründigste Tragik seines

Schicksals war, daß es ihn, das Genie der Bindung, in eine Epoche der Auflösung führte. Hätte er sie mehr distanzieren können, er hätte sie wieder an ihren Sinn gebunden, aber dies ist ein teuflisches Paradoxon, da es die unerbittliche Konsequenz aus dem Zusammenprall von Idee und Wirklichkeit umgeht. Gegenwart war ihm ja auch nur ein Bild unter vielen gewesen und ein fließender Zustand, sein Geist war in allen Epochen zuhause, dadurch hatte er oft etwas von dem wundersamen Cidher, dem ewig jungen, der „nach fünfhundert Jahren desselbigen Weges wiederkam", und dann wieder etwas vom sagenhaften Ahasver, auf dem die Jahrtausende lasten, wie es ähnlich in seinen Versen heißt. Manchmal wenn ich ihn ansah, hatte ich, weher als in den Anfangsjahren unserer Freundschaft, das Gefühl, als wandle, rede, dichte er in einem Zauberschlaf, als sei er gar nicht da bei mir, sondern weit weg, in ferner Zeit und Welt und werde gleich wieder weit weggehn, um in hundert oder tausend Jahren sich flüchtig meiner zu erinnern, der dann keinen Namen mehr für ihn besaß. Tradition ist ein Wort, mit dem sich vieles anfangen läßt, für ihn war sie das natürliche Fundament aller Daseinsgestaltung in Staat und Kirche, in Kunst und Gesellschaft. Da brachen die Grundmauern unter seinen Füßen ein, und er erwachte jählings, es war, als ob der tausendjährige Schlummer von ihm wiche, anders kann ich die Verwandlung nicht bezeichnen, die mit ihm vorging, und wie er nun mit aufgerissener Seele neuen Weg, neue Bindung, neues Gesetz suchte, wie er aus der eleusinischen Einsamkeit unter Einsamen heraustrat, gleichsam mit der stummen Frage: Wollt ihr mich? und mit dem Angebot seines ganzen Selbsts, das war das Größte, was wir an ihm erlebt haben, dadurch ist er „Held und Überwinder" geworden.

www.ingramcontent.com/pod-product-compliance
Lightning Source LLC
Chambersburg PA
CBHW021736220426
43662CB00008B/881